yukismart.com/b/687e56

kat
gato

hond
perro

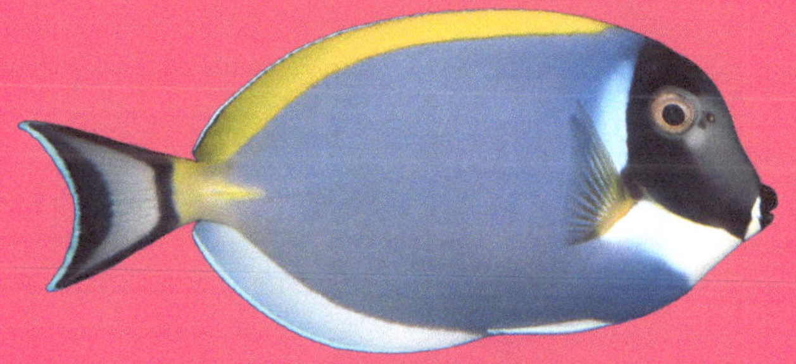

vis

pez

vogel

pájaro

kip

gallina

haan

gallo

kuiken

pollito

ei

huevo

koe

vaca

schaap

oveja

varken

cerdo

geit

cabra

paard

caballo

ezel

burro

muis

ratón

konijn

conejo

kalkoen

pavo

gans

ganso

pauw

pavo real

eend

pato

eendje

patito

zwaan

cisne

libel

libélula

vlieg

mosca

mier

hormiga

miereneter

oso hormiguero

lieveheersbeestje

mariquita

aardworm

lombriz de tierra

naaktslak

babosa

rups

oruga

slak

caracol

vlinder

mariposa

sprinkhaan

saltamontes

bij

abeja

honing

miel

spin

araña

gras

hierba

kever

escarabajo

mug

mosquito

schorpioen

escorpión

hagedis

lagarto

schildpad

tortuga

krab

cangrejo

garnaal

camarón

kreeft

langosta

walvis

ballena

haai

tiburón

pijlstaartrog

raya venenosa

dolfijn

delfín

zee-egel

erizo de mar

kwal

medusa

inktvis

calamar

zeester

estrella de mar

zeemeeuw

gaviota

zee

mar

pelikaan

pelícano

aalscholver

cormorán

schelpen

conchas

zand

arena

olifant

elefante

zebra

cebra

giraffe

jirafa

slang

serpiente

krokodil

cocodrilo

leeuw

león

tijger

tigre

nijlpaard

hipopótamo

neushoorn

rinoceronte

jachtluipaard

guepardo

kameel

camello

antílope

antílope

flamingo

flamenco

struisvogel

avestruz

ooievaar

cigüeña

papegaai

loro

gorilla

gorila

aap

mono

koala

koala

panda

panda

kangoeroe

canguro

egel

erizo

eekhoorn

ardilla

wolf

lobo

vos

zorro

wasbeer

mapache

beer

oso

hert

ciervo

adelaar

águila

vleermuis

murciélago

zwijn

jabalí

kraai

cuervo

uil

búho

specht

pájaro carpintero

bunzing

turón

mol

topo

bever

castor

ijsbeer

oso polar

sneeuw

nieve

pinguïn

pingüino

sneeuwuil

búho nevado

bos

bosque

berg

montaña

narwal

narval

orka

orca

walrus

morsa

zeehond

foca

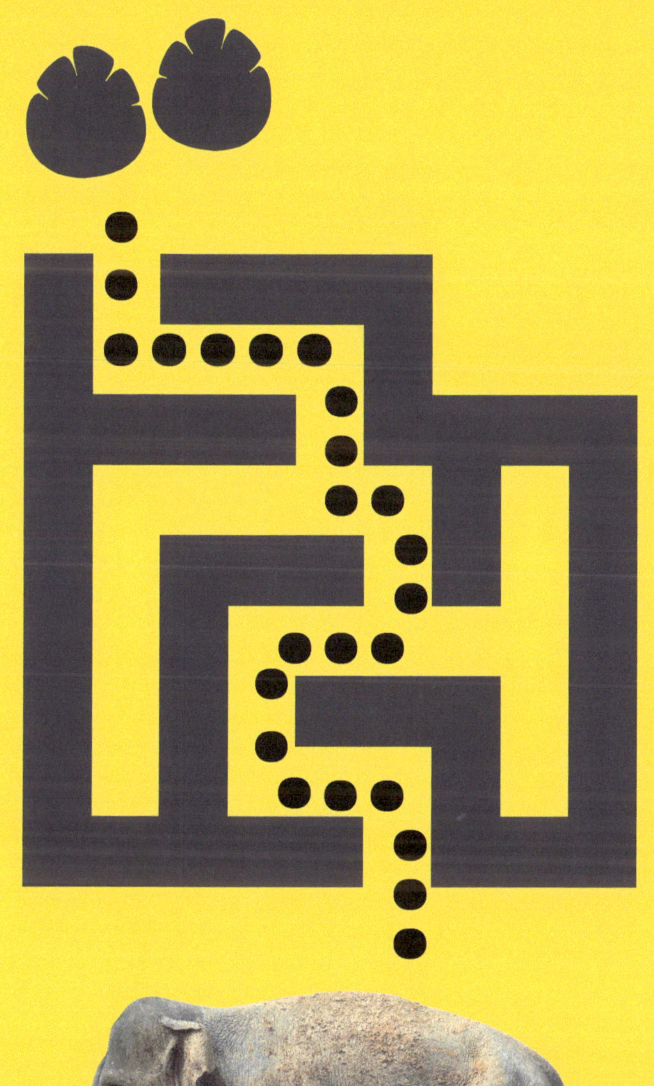

www.ingramcontent.com/pod-product-compliance
Lightning Source LLC
LaVergne TN
LVHW071633180726
843512LV00002B/298